無聊到底

周淑儀 著

無聊到底
作者／周淑儀
總編輯／馬鎮梅
責任編輯／伍詠慈
封面．美術設計／劉碧雲
內文插圖／鄺志傑
出版發行／突破出版社
香港沙田亞公角山路33號突破青年村
電話：2632 0000　傳真：2632 0388
電郵：breakthrough@breakthrough.org.hk
網址：http://www.breakthrough.org.hk
http://www.btproduct.com
承印／陽光印刷製本廠
2010年7月初版1刷

Boredom
by Carol Chow Suk-yee
First Printing, First Edition, July 2010

ISBN 978-962-8996-00-1

承蒙 Tyndale House Foundation 贊助本書之製作及出版經費，謹此鳴謝。
Acknowledgement: The production cost of this book is sponsored
by the Tyndale House Foundation.

本書經文取自《新標點和合本》，版權為香港聖經公會所有，承蒙允准採用，特此鳴謝。

歡迎加入突破書籍 Facebook — http://www.facebook.com/btbooks

本書採用環保油墨印刷

在情緒的錯覺中

走下陰沉的梯角

才得見那片寬闊之地

而成長就在那裏開始

feel

感覺•我

目錄

1 無聊極了

無聊，對我來說，又愛又恨。我曾經因為跟「無聊」任意放蕩，換來一身煩惱；亦曾經刻意遠離「無聊」，誰知竟落得茫無目標，不知道自己要如何生活。也許因為曾經與「無聊」有瓜葛，今天才有心去寫下它、了解它。

坐在沙發上，不動聲息看着電視，身體懶洋洋地抱着坐墊，臉上木無表情，向前看，視線沒有焦點，腦海中浮過不同人的説話與片段……記得很多時我都不期然進入這種狀態，身邊的人注視着我，像觀察某類特別動物似的。他們有時會問東問西，好使我離開這種靜止狀態，回復清醒。一直以來，很少人描述這種是什麼狀態。直到寫作本書時，才發現這種情緒狀態，就是我們常掛在口邊的形容詞——「無聊」。

無聊，是一種既模糊又多變的情緒狀態。

殺死時間

曾聽朋友説，有時與一羣人一起有説有笑，忽然心中感到無聊至極；不想笑不想説，但又要裝開心，實在無聊極了，只想逃離現場。終於可以自己獨個兒時，不知想做什麼，又覺得沉悶透頂，只好東撈西摸，玩玩 MSN，在網絡上你一言我一語；又或登入 Facebook 聯絡朋友，看看他人近況。明知只是網上交際，彷彿有人在身旁，會感到不這麼空虛。

以上的無聊心路歷程，相信每個人或多或少也經歷過。

我向朋友講述自己將要寫作一本關於無聊的書，希望他們成為我的寫作動力。有些朋友好奇地問：「無聊，有什麼好寫？」亦有朋友問：「怎樣才是無聊情緒呢？好難定義啊！」一些富有無聊細胞的朋友，自薦獨家的無聊生活玩意，講述平日自娛自樂的經過，希望我可以寫入書中。

我在朋友間進行了一項非正式調查，了解朋友的無聊「事業」：發現男性朋友會談周星馳的電影，他們每次説起就會開懷地笑，又或上網瀏覽不同資訊，如相機、手提電話等，去消磨無聊時間。而女性朋友則喜歡與朋友東拉西扯，也喜歡約朋友逛街消磨無聊的光陰。我身邊的朋友，無論男女，大多樂意接受別人取笑他們「無聊」。或許他們認為被稱無聊，代表懂得在枯燥生活中尋找樂趣，可以讓自己及身邊人生活得輕鬆一點。但朋友中亦有因花太多時間在無聊事上，以致工作馬馬虎虎，自然沒有好下場。所以，無聊的確可以是煩悶生活的「潤滑劑」，亦是正常生活的「腐蝕性液體」。所以要謹記：無聊有時，正經有時。

無聊時光

回想我第一段無聊時光，應該是唸中一、中二時。每逢暑假，都愛晚上偷聽收音機，當聽到DJ的深情説話，播放感性歌曲，我就會幻想一下將來的愛情故事，有時甚至代入悲情歌曲而流淚。當然有人會形容這是「少年不識愁滋味，為賦新詞強説愁」，但我會形容這是我無聊地漫遊內心世界的旅程。記得當時我會獨自看天空中的星星，它們彷彿向自己傾心吐意。當然也有找朋友「煲電話粥」，無無聊聊地説東説西。回想當時的無聊善感，現在也會會心微笑。

不知你第一段無聊時光在什麼時候出現？是怎樣度過的呢？

當長輩遇上「無聊」……

還在求學時期，每當我們走進無聊狀態，不知怎地父母總會第一時間發現，並以各種方法喚醒我們，好教我們遠離無聊這壞朋友。

記得以前溫習，每每要聽着歌。一旦母親發現，就會不厭其煩地提我：「無聊的事少做些，專心一點溫習吧！」就這樣，父母將我的無聊行為定義為「壞朋友」。每逢它出現，他們總會想方法趕走它，迫我或勸我做些正經事。可是無聊總能偷偷跟着我。當時我效法父母對待無聊的方法，責罵自己，希望可以減少無聊的思想及行徑，結果發現愈罵情況愈糟。

現在回想，正因父母和我也不懂安撫心中的無聊情緒，才使它在溫習及做功課時頻頻現身，以致拖累了溫書的進度。為了專心溫習，只好痛罵自己一場。但在這種情況下溫習，又怎會有好成績？

不知你身邊的長輩，教你怎樣面對無聊、對付無聊呢？

當同輩遇上「無聊」……

從小至大，我身邊也不乏無聊的人；可能因為我太正經，故意結交會無聊的朋友來平衡一下。又或者剛剛相反，正因我也是無聊一族，物以類聚。無論哪一種情況，總之無聊在我的朋友羣中，是頗受歡迎的。這不難想像，譬如說，你剛到一間公司工作，會喜歡結交一些工作一會然後放鬆一會，說說笑的同事，抑或結交一些表情嚴肅、態度認真，不苟言笑的同事呢？相信大多數人也會選擇前者。在朋友圈子中，多數都鼓勵無聊出現，如果朋友有無聊特質，總愛以輕鬆幽默的態度來講說一些人和事，為聚會帶來愉快的氣氛。當然無聊的內容太多，就會使朋友之間的交誼流於表面，相識久了也沒法建立深厚友誼，這就太可惜了。

當愛上「無聊」

當我考入大學後，因沒有了公開考試的壓力，大學第一個學期，我容讓自己盡情享受無聊的自由時光。當時做什麼也即興，對生活怎樣過也沒所謂。起初都覺得這樣很不錯，但過了幾個月，我開始發現不知自己想怎樣。當然成績也有點跟不上，想告別無聊生活，但已沒法離開。愈想與無聊劃清界線，就愈沒有動力去面對學校生活。現在回想，當時我可能是愛上了無聊的狀態，不知不覺忽略了生活其他部分。

當孤單遇上「無聊」……

當獨自進入無聊狀態時，會覺得時間過得特別快，轉眼又過了數小時。一邊享受無聊的過程，一邊自責浪費時間，沒時間做其他事。當時我誤以為無聊是浪費時間的罪魁禍首，常花心力去對抗它，最直接簡易的方法就是使自己忙碌，讓無聊感沒法浮現。過了一段時間，無聊的確沒空間找我，但抑鬱、空虛及無意義感就頻頻出現。

現在看來，無聊並非罪魁禍首，它只是生活中的微塵，在人羣中、空氣中來來往往。因它是如此細小，有時我們不經意吸入了它。但如果一經吸入，停止所有活動，無聊就像塵埃慢慢落得一臉一身。故此，認真勤快的人會不斷將它抖落，喜好輕鬆休閒的人會讓塵埃停留在身上，不會急於清理。

或許當時的我，就在兩極中走來走去，一是停留在無聊狀態，一是不斷掃走身上的無聊。

你如何看待身上的無聊呢？

在網絡遇上「無聊」……

在日常生活，不難發現人們會將既無聊又微不足道的事情，透過影像與網絡，互相吹噓一番，藉此紓緩生活中的無聊與沉悶。最近就有一樁有趣的無聊例子：

一位在中國寧波的網友試用新買的相機時，在某店門外偶然拍下一個路經的乞丐。這位網友將照片上傳至「蜂鳥網」作為測試，就這樣照片中的主角「犀利哥」毫不費力就紅遍網絡。犀利哥被網友譽為「極品乞丐」、「究極華麗第一極品路人帥哥」、「乞丐王子」等。

有網友評價：「那憂鬱的眼神、唏噓的鬍碴子、神乎其技的髮型、還有那雜亂的頭髮，都深深迷住了我。」

兩張不經意的試拍照片，讓「犀利哥」開始了他「被觸網」後的網絡旅程，網民「惡搞」、追捧、「人肉搜索」，在網絡的巨大影響下，他的形象漂洋過海。傳媒明查暗訪，記者紛紛找藝人回應，有女藝人甚至戲稱要成為「犀利嫂」。不消十幾天，在傳媒的明查暗訪下，他由乞丐王子、流浪帥男，迅速轉變成退伍老兵、精神病人，但他的真實身分仍然是個謎，正如一位匿名網友所說：「犀利哥，其實只是個傳說。」

以往一個人無聊時，自娛自樂的事，離不開追看電視劇集，或追查名星名人一舉一動，以求使自己感覺過了一些刺激震撼及精彩的生活。這些追查「樂事」，今天竟會被放大及投射成「集體無聊活動」。當現今社會鼓吹高度透明，一切都要可見的，毫無祕密可言，這種全面透明的生活方式，更易使人透過追查別人的生活來解悶或驅趕無聊。以上現象反映大多數人將自己的無聊思緒向外投射，卻沒有好好處理個人內心的無聊狀態。

單單追查窺探較輕鬆的事，並無大礙。但倘若人因無聊在網上做出一些破壞性事情，如偷窺別人的資料，後果就不堪設想。

法國有一名 25 歲的無業青年，因無聊在網上瀏覽，亂按鍵盤，剛巧按中別人在社交網站 Twitter 上的帳戶密碼，登入了一些名人戶口。後來法國警方在美國聯邦密探協助下將他拘捕，控告他利用種種方法詐騙約 15.5 萬港元，受害人包括美國總統奧巴馬和歌手 Britney Spears。檢察官科基亞（Jean-Yves Coquillat）評論：「他只是個經常上網消磨時間的普通年輕人。與別人打賭後，出於黑客的傲慢自大，才做出這種事。」當局相信，他似乎只是想向旁人證明，自己有能力偷窺一些機密資料；但在法國，入侵他人的數據資料庫是刑事罪行，最長可囚兩年。

在網上世界，我們很容易找到一些志同道合

的「無聊人」，一起無聊一番。以後當我們參與一些無聊玩意或討論時，務要小心分辨是非對錯，否則當你無聊過後，可能會換來生活上更多煩惱。

寫給無聊的你

相信你選擇讀這書，或多或少也體會過無聊；又或者你只想明白身邊的無聊人多一點。無論你是前者抑或後者，對無聊是喜歡還是抗拒，了解一下無聊狀態，都是百利而無一害的。以下會先看看無聊狀態的類別；然後透視一位青年人進入「深層無聊」狀態的心情及掙扎，好使我們了解深陷其中的具體表現。之後再看看輔導員怎樣引導她明白「深層無聊」的狀態，與她一起穿越無聊森林。

無聊是生活中的微塵，來來往往人羣內、空氣中。認真勤快的人會將它拂走，喜好輕鬆的人會讓它停留。

2 你有**幾無聊**？

無聊（boredom）是一種心靈狀態，進入了這個境界的人都是因為感到外在環境枯燥乏味，又或者感到有點厭煩、無意義，想與外界減少接觸，不知不覺就闖入了。情形就似不斷應付上司和客人的不同需要，一旦應接不暇，忙碌得厭煩，心裏就會感到無聊，不知道這樣繁忙為了什麼。如果常常感到身不由己，我們的專注力會下降，較容易犯錯。日子久了，或會失去動力及方向感。為了逃避沉悶境況，一般人會即時做一些有趣的事，如上網或發白日夢等，但有趣的事往往只能短暫解悶，所以他們會不斷改變，做不同的有趣事。

挪威哲學系副教授拉斯·史文德森（Lars Svendsen）認為：「無聊是近幾世紀一個很重要的現象。以往無聊只是貴族的生活狀態，因他們有較多休閒時間；但到了現代，因科技發達、物質豐富，社會上不同階層的人都享有比以往更多的休閒時間，於是有更多機會去感受無聊。雖然沒有人能準確尋找無聊的演變過程，但可以肯定的是，網絡活動的普及，使人的無聊感發展得比以往更普遍、更快速，甚至影響了世界上每一個人。」

「無聊狀態」的類別

外國研究無聊已經接近一個世紀，但仍然很難對它的「情感定義」下清晰界定。一些學者只粗略地將無聊狀態分為以下兩種：一是「一般無聊」狀態，即是因精神疲倦而進入無聊狀態，就如我們每天工作，在電腦前坐上八小時或以上，或會感到沉悶而進入「無聊境界」暫避。

另一種是「深層無聊」（hyper boredem）狀態，當我們在同一地方工作數年，感覺平淡，與身邊的人沒什麼爭執，也沒什麼驚喜刺激；或者當我們每天對生活沒什麼期盼，也沒什麼反感，這種既沒有不滿，亦無法投入的生活狀態，想要改變，又不知從何做起，很容易使人感到無聊。多數人也不懂描述此狀態，只是以不同的活動如打機、做運動等去逃避這種感覺。

社會學者馬丁・杜勒曼（Martin Doehlemann）將無聊分為四種：情境性無聊、厭倦性無聊、創新性無聊、存在的無聊。

1. 情境性無聊

1926 年，英國心理學家 A. Hudson Davies 在《英國醫學雜誌》指出，人進入情境性無聊的狀態，是因精神或心靈疲勞，沒法集中注意力。

另一位人類行為學家 Berlyne（1960）認為，無聊感出現，源於個人的內在專注力不足，可能因他們主觀地覺得四周環境太單調，以致產生無聊和沉悶的感覺。

其實我們或多或少也曾經歷過「情境性無聊」。當我們等人、候車或坐車時，感覺沒什麼可以做，心靈和思想上也有空間，這段時間或會出現無聊感。我坐地下鐵時，愛觀看車廂內不同的人在做什麼。近年最常見的景象就是，一些穿着斯文的上班族專心地看 iPhone 手機；年輕一些的就愛戴着 headphone 打 PSP；當然也少不了只會發呆看着車廂中電視的人。這或許就是各人的無聊方式，各適其適。總之就是做些較輕鬆的事，消除無聊。又或者透過想像、發白日夢，來改變情境帶來的沉悶乏味，回復精神，或過渡沉悶的景況。

2. 厭倦性無聊

當我們不斷做一些仔細或重複的任務時，容易失卻對事情的熱忱及目標，較易進入「厭倦性無聊」狀態。我身邊有不少朋友長大後才學琴，每當他們練琴，重重複複練習彈奏相同樂曲，就會出現厭倦的感覺，練習時左思右想，沒法集中精神。有時要稍作休息，待回復精神狀態，方可繼續。

有外國研究指男性比女性更容易感到無聊，可能是因男性較喜歡追求外界的刺激。前一陣子，「Google 香港街景」剛在互聯網世界推出，丈夫第一時間叫我一起觀看，但當時已是凌晨 12 時 30 分了。由於他實在太興奮，沒有理會時間，只管向我分享他的發現。而我許多朋友的丈夫，都是如此。我發現男士一提到外間的有趣事物，就會喋喋不休；一旦提到人際的事，他們大多有厭倦性的無聊表情，沒甚反應，支吾以對。女士則剛好相反。

外國亦有研究發現，學歷高但職位要求的技能或職級相對較低的人，亦有較強的厭倦性無聊。這種大材小用的狀態，容易使人感到無聊萬分。

最近有一則關於社交網站 Facebook 的報道，表明休閒娛樂活動也會引起厭倦性無聊。有網友指 Facebook 上的無聊玩意，阻礙了他與朋友的真正溝通或投入其他生活，因此他們決意註銷自己的 Facebook 帳戶。他們形容最初註銷了帳戶時，感覺好像與世界斷了聯繫，常記掛那些「即時更新」。後來才明白自己根本沒必要花那麼多時間，去知道上百人在幹什麼。現在他們有更多時間與朋友接觸、看書和放狗。

其實，這種透過建立自己部落、分享相片、和網友談天說地、玩小遊戲的網絡活動，的確可增加生活的樂趣，又能與別人保持聯繫。但要緊記，這種不用太動腦筋又不花錢的活動，會使我們的精神與時間一點一滴地溜走了，不知不覺我們會感到厭煩，對生活更覺不滿足。

近年，我輔導過不少青年人，或多或少聽到他們在哀鳴：「生活只是努力讀書、學琴補習？」可能他們經常做一些自己不感覺到有樂趣的事，因而出現厭倦性無聊狀態，如無心向學，只想待在家中休息、看電視等。他們大多不是成績差的學生，只是不知努力學習為的是什麼，於是寧願什麼都不做，只空想着自己想做什麼。

了解自己陷入了厭倦性的無聊，並學習適當地滿足「無聊玩樂」的需要，才能較易重新投入生活。要讓父母及年輕人明白這道理，實在十分困難。但如果這些「無聊玩樂」的慾望長期被抑壓，反而會使他們沒心機去完成其他正經的事情。

生存在世，你我或多或少也會為不同的事物努力追求。正如美國心理學家馬斯洛（Abraham H. Maslow, 1908-1970）認為，人有五個層次的需要：1. 生理需要；2. 安全需要；3. 愛與歸屬的需要；4. 自尊的需要；5. 自我實現的需要。現今香港物質豐富，多數人在第一、二層的需要已得到滿足；反而多數人就在愛與歸屬的層次中得不到滿足。當得不到想追求的東西時，我們會常常徘徊在放棄與追尋的掙扎狀態。這時候，厭倦性的無聊感就會出現，引導我們去尋找所缺失的東西。

3. 創新性無聊

「創新性無聊」源於我們要面對一些新挑戰、新任務或新環境，或當接任了某項任務，但又沒有能力做好時，我們一般也會感無聊及不知所措，結果多數是找些無聊事去逃避面對這些挑戰或任務。

近年，我發現身邊不少朋友或學生，為了保持競爭力，不斷進修增值，好適應社會的要求。年復年地學習，他們有時感到讀書進修很無聊。之前在報上讀過一則報道，指出不少香港年輕人擔心完成學業後找不到合適工作，深感無奈不安。他們的出路是漫無目的地繼續學習；或待在家中，在互聯網上無聊消遣，從而紓緩心中的不快及無奈。

他們或會覺得無論讀書與工作也沒所謂，因兩者也非想要做的事；究竟他們想做什麼？學什麼？他們自己也搞不清楚。就在這種沒法下定決心的狀態下，創新性無聊就會出現，好使他們搞清楚自己到底想怎樣。當然有時我們為了生活，只好在社會上暫選一個身分，好讓自己可以繼續尋索可發揮的地方。無論是以正職或業餘方式嘗試一些新工作，心中難免有點不確定或不知前路之感。這種無聊狀態，也會使人不敢身體力行嘗試新的路向。如果他們因欠缺勇氣去創新，而依循舊方式生活，日子久了，或會因工作欠缺刺激及滿足感，再度陷入無聊之中。

記得早年我在一間會計公司做暑期工，上司只安排我處理一些核對的工作，這種工作對我來說十分沉悶，我每天就找方法去解悶，同時又要完成工作，在精神不太集中的狀態下做核對，自然頻頻出錯，以致時常被上司「提點」。上司在我離職時問：「你將來想唸什麼？」我說：「不知道，可能會唸會計。」她二話不說，立刻回應：「你不要選這個！你抵不了悶！」當時我感到很訝異，又有少許不忿她看扁我。結果我沒有選讀會計，亦發現原來自己真的受不了核對的沉悶。

後來我發現不少朋友或青年人，也有此經驗。

在做某種事情時，明明覺得沉悶及沒趣，但因旁人認為這份工作對自己好，就勉強適應一段時間；若仍覺乏味，才會找其他合適自己的工作。原來無聊感的出現，有助我們選擇合適的崗位與任務。在轉變過程中，可能會出現因創路而來的無聊感，但當找到合適的工作定位，無聊感就會減少。

4. 存在的無聊

一旦進入了深層無聊狀態，亦即「存在的無聊」，情況就難處理得多。感到深層無聊的人，會覺得人生漫無目的，追求什麼都沒所謂，也沒興趣與別人溝通，對很多人與事也不會着緊，對什麼也覺沒意義。進入深層無聊狀態的人，不是因對外在環境感不滿而掉進這景況，而是來自他們內心對人生的各種質疑。當他們對身邊的人和事不斷尋問意義又未能找到答案，日子一天一天地過，他們或許會暫時擱置疑問，但內心的不滿足依舊，甚至與日俱增；到一天，這些未得到答案的問題會再度浮現，他們會感到更強烈的無聊，這種狀態就是存在的無聊。

精神分析學家奧托·費尼謝爾（Otto Fenichel）在 1951 年出版的《思維的組織與病理學》（*Organization and Pathology of Thought*）中，描述這種深層無聊的狀態，來自人的生存願望及內在驅動力受抑制，結果產生無目標感，因而感到「極度無聊」。他指出處於這種無聊狀態的人，較易感到生存沒意義，對生活厭煩，對身邊的人或事欠缺投入和熱心，不太有興趣去了解四周環境或自己的將來。

這種無聊狀態如《聖經》裏〈傳道書〉的作者描述：

「虛空的虛空，虛空的虛空，凡事都是虛空。人一切的勞碌，就是他在日光之下的勞碌，有什麼益處呢？ 一代過去，一代又來，地卻永遠長存。日頭出來，日頭落下，急歸所出之地。風往南颳，又向北轉，不住的旋轉，而且返回轉行原道。江河都往海裏流，海卻不滿；江河從何處流，仍歸還何處。萬事令人厭煩，人不能

說盡。眼看，看不飽；耳聽，聽不足。 已有的事，後必再有；已行的事，後必再行。日光之下並無新事。」（1：2-9）

這裏細膩地描寫人處身深層無聊地帶，或會看到生活不斷循環、重複的無奈，體會人生的虛空狀態，這種內心深處的空洞，的確很難做什麼事去消解。

在輔導室，常聽到人們訴說：「明明什麼都有了，比上不足比下有餘，物質不缺，但心靈或精神就是不滿足，而且一點開心或滿足的感受都沒有。」當細心聆聽他們的心聲，都會發現他們並非生活得不快樂，而是因為他們很看重責任，為了家庭、為了事業，早年已不知不覺放棄滿足及關注個人心靈的需要。每逢遇見這些受助人，心中實在替他們難過，因他們大多認真負責，努力十多年後才發現自己不懂放鬆、休閒地生活，以致忽略了身邊的人及自己的身體健康。其實深層無聊出現，可使我們更有洞察力，去靜觀世界及自身的存在。

不無聊不健康

2008 年，英國一位科學家發表了有關無聊與健康的研究。他用了二十五年，研究了七千多名英國公務員的無聊程度。研究發現常抱怨無聊的人，較有可能早死。而對生命有深層無聊和厭煩的人，死於心臟病或中風的機會，比對自己人生無怨無悔的人，高一點五倍。抱怨無聊的人，在研究結束時死去的可能性，比沒有抱怨的人高出近百分之四十。

科學家在《國際流行病學雜誌》中解釋，上述現象，可能是源於生活習慣。活得不快樂的人，往往求助於不健康的生活習慣，例如抽煙和喝酒，這些習慣會影響健康、縮短壽命。研究報告的撰稿人馬丁・希普利（Martin J. Shipley）說：「心臟病的研究顯示，有足夠證據證明心臟病與沉悶無聊有關。」他表示感到非常無聊沉悶的人，在研究結束時死亡的機會為百分之三十七。

由於深層無聊狀態較其他情緒狀態（如憤怒、

抑鬱等）溫和及微不足道，因此大多數人忽略處理此情緒，筆者在十年輔導生涯中，從未聽過有人因深感無聊而尋求輔導。一直都有研究指出，無論在理論和臨牀案例，有深層無聊傾向的人較易患有抑鬱症或出現抑鬱症狀（Giambra & Traynor, 1978），或容易衍生不同的情緒困擾及行為問題，如出現隱蔽或沉溺行為等，更會導致社會問題。早年更有研究指出如無聊處理不當，當事人會較容易濫用藥物（Johnston & O'Malley, 1986; Orcutt, 1984; Samuels & Samuels, 1974）及出現進食障礙（Abramson & Stinson, 1977; Leon & Chamberlain, 1973）。

故此，我們不能忽略內心的無聊感覺。其實無聊感出現，可能是提醒你我需要花時間及心機去了解一下內心狀況，然後才可重新快快樂樂地生活。

3 失落到盡頭

進入深層無聊狀態的人，多是身處人生的轉捩點：如剛畢業找工作的青年人，或正在計劃人生下半場的中年人。來到這些階段，他們大多會反省：認真讀書及工作到底為了什麼？他們或會感到人生虛空無常，對自己以往所做的產生無聊及厭煩感，但如要改變又不知從何做起。

在輔導室，常有幸與受助者一起探索心中的無聊、虛空。以下我綜合多位受助者的掙扎，化身為 Loey，好使你明白身處深層無聊的狀況及掙扎。

我們先了解一下 Loey 的背景。Loey，二十出頭，中學時成績尚可，由唸中學開始，已經知道父母期望她考入大學醫科，認為當醫生既可以幫助人，又有大好前途。她為此不斷努力溫習，只是高考成績未如理想，只有生物科拿了A級成績，不夠資格入讀醫學系。既然生物科成績理想，她就順理成章選擇生物系。在第一個學期，她已感到很乏味，每天上課無法提起精神，下課回到宿舍，又沒有心情及動力溫習。終日不是去健身，就是上網玩 Facebook，或找友伴閒聊去，每天的時間就這樣過去，她更感無聊和空虛。如大多數人一樣，面對內心的無聊感，她選擇以睡眠去逃避。白天睡多了，晚上便沒法入睡，她惟有發白日夢，想東想西等天明。

逐漸，她因沒有動力學習，多個科目成績不合格。上課時神遊太虛，甚至缺席課堂。她每天晚睡晚起，生活顛倒，但仍感到沒有精神，常喝咖啡奶茶提神，久而久之，腸胃出現毛病，要入院治理。朋友、父母愈着緊她的狀況，追問她何解，她就感到愈大壓力，但又不知怎樣告訴他人。父母及朋友以為她刻意隱瞞，其實 Loey 完全不知道自己哪裏出了問題，只覺得做什麼也提不起勁。

Loey 媽媽很擔心，待她出院後，便提議她約見輔導員，處理一下自己的問題，希望找出因由，改變現況。

當我第一眼見到她時，她穿着 Polo T-shirt，深藍色的牛仔褲，我驚訝她的眼圈是如此黑，沒精打采的坐着。

與 Loey 首次見面

輔導員：Hi，今天第一次見面，不如你告訴我你的感覺怎樣？

Loey：我覺得生活很無聊，不知天天上學為了什麼！我不想唸生物系，無奈成績不好，只能讀這科。我不知道可以怎樣？

輔導員：你喜歡讀哪科？

Loey：我本來想讀醫科，這是我中一時的志願。無奈我英文科成績不好，考不進醫學院！

輔導員：你為什麼想唸醫科？

Loey：我年幼時常常生病，要去看醫生，醫生真的很有愛心呢！升到中學，爸爸媽媽說當醫生好，又可以幫人，我就想考入這科。

輔導員：當你知道考不進醫科，要唸生物科，你怎樣面對呢？

Loey：我只好跟自己說，入到大學已經很幸運，不要再多想了。(迷惘的樣子……) 大學生活，我與其他同學一般，上完課就去替人補習，閒來無聊找朋友逛街，沒什麼想做，只是漫無目的地逛，總之令自己感到很忙碌就是了。

輔導員：那你覺得如何？

Loey：我覺得無聊，不知為什麼！每當對着功課、projects，就要花很多心力才能完成，要溫書就更難集中精神。我不知怎辦好！很煩……

輔導員：你之前入了醫院，又是什麼原因？

Loey：醫生説我飲食不定時，睡眠不足，再加上常喝咖啡，有時又跟朋友去喝酒，這樣我的胃就出了毛病，前陣子還胃出血啊。結果就入醫院住了三天啊。

輔導員：似乎你因沒法入讀醫科，仍然感到很沮喪，也無心唸生物系。

Loey：（眼紅紅……）其實我仍然很介意自己考不上醫科……我之前跟媽媽提過，但她只叫我不要再想；跟朋友提起，他們就説我心頭太高。我可不是心頭高啊！我也不願再去想，可是這些思緒就是常常溜出來，我根本阻止不了。之後我沒有再跟人提起，只是自己想方法去忘記，去接受就算了。

輔導員：你可以多講一些嗎？

Loey：我一心想做一個仁心仁術的醫生，但現在無可能了。我的生活好像失去了目標，漫無目的。不知為什麼要努力？為什麼要讀書？想來想去也找不到答案，好煩！

輔導員：你覺得現在唸生物系又如何呢？

Loey：我覺得很無聊！天天在實驗室做實驗，背誦生化反應、記熟不同的生物結構等。我見同學很用功上課，努力抄筆記、溫習，但我心中會暗暗說：「不知讀來有什麼用？」

輔導員：你有否跟同學提及這些想法？

Loey：有跟一兩位同學提過。雖然她們也有同感，但很快就收拾心情，面對功課及 projects 了。可能課程太忙了，她們也無暇去想！

輔導員：那你有否收拾心情，面對你的課業呢？

Loey：我有嘗試！但做不到。每次看着功課，就想睡覺，有時又感到很不開心，覺得好悶。要不我倒頭睡去，要不讀讀其他書籍、聽聽歌。我有試過讀「時間管理」之類的書，希望學好時間管理，完成功課及溫習，怎樣試都是失敗。

輔導員：你好像很缺乏動力去管理自己的生活？

Loey：是呀！很無奈，常常只有計劃沒法行動，換來的都是挫敗感……之後，我沒再計劃了。但更差勁的是我愈發不知自己想怎樣？媽媽擔心我患上抑鬱症，着我到醫院檢查，但醫生告訴我不是抑鬱，所以沒有藥物可以服用。他吩咐我注意飲食，多作休息就可以了，但媽媽仍然不放心，便提議我來找你傾談，希望找出因由，可以改變現況。

輔導員：你似乎有很強烈的無聊感，以往試過這樣嗎？

Loey：（思考中）唔……我中二、三曾經想過人生為何？為何要努力讀書？當時沒有結果，身邊的人只叫我不要想這些得不到答案的問題。到中四、五時，我想到如果他日做醫生既可幫人，工作又有意義，於是就立定心志努力讀書，就沒有感到太強烈的無聊。

輔導員：我不確定你心中那份無聊感有多強烈，不如你回家填了這份問卷，下次回來再一起看看。

小測試

無聊傾向量表（BPS）

		強烈反對						完全贊成
1	對我來說，要全神貫注很不容易	1	2	3	4	5	6	7
2	工作時，我常為其他事情憂心忡忡	1	2	3	4	5	6	7
3	我總覺得時間過得很慢	1	2	3	4	5	6	7
4	我經常覺得自己「悶得發慌」，但又不知道該做什麼	1	2	3	4	5	6	7
5	如果必須做一些毫無意義的事情時，我常常感到困擾	1	2	3	4	5	6	7
6	被迫觀看別人的錄像或旅行相片，會讓我倍感無聊	1	2	3	4	5	6	7
7	我腦海裏不會經常想到有許多計劃和任務要做	1	2	3	4	5	6	7
8	對我而言，自娛自樂不是件很容易的事	1	2	3	4	5	6	7
9	我做的都是一些重複單調的事務	1	2	3	4	5	6	7

		強烈反對						完全贊成
10	與大多數人相比，我需要更多刺激才能使我向前	1	2	3	4	5	6	7
11	在我從事的大多數事情中，很難感到刺激	1	2	3	4	5	6	7
12	我很少為工作而興奮	1	2	3	4	5	6	7
13	任何情況下我都不容易找到事情去做，而且很難保持對它的興趣	1	2	3	4	5	6	7
14	多數時候我總是無所事事的	1	2	3	4	5	6	7
15	我不可以很耐心地等待	1	2	3	4	5	6	7
16	我常常覺得自己無事可做，很清閒	1	2	3	4	5	6	7
17	在一些不得不等待的場合，例如排隊，我會變得坐立不安	1	2	3	4	5	6	7
18	我很少一覺醒來就有些新意念	1	2	3	4	5	6	7
19	我很難找到一種讓我十分興奮的工作	1	2	3	4	5	6	7

		強烈反對						完全贊成
20	我需要在生活中找更有挑戰性的事情來做	1	2	3	4	5	6	7
21	我大多數時候都覺得自己的能力足以應付工作所需，而且綽綽有餘	1	2	3	4	5	6	7
22	許多人都不會認為我是個有創造力、想像力豐富的人	1	2	3	4	5	6	7
23	我的興趣很少，很容易把想做的事做完	1	2	3	4	5	6	7
24	在朋友圈中，我是最沒有恆心的一個	1	2	3	4	5	6	7
25	除非做一些很刺激甚至危險的事，否則我總覺得生活無聊得像行屍走肉	1	2	3	4	5	6	7
26	豐富的變化和多樣性才能讓我感到開心	1	2	3	4	5	6	7
27	電視和電影都千篇一律，太過時了	1	2	3	4	5	6	7
28	年輕時，我總感到周圍的環境既單調又無聊	1	2	3	4	5	6	7

計分方法：

將 28 道題的得分相加。

80 分或以下：你的無聊傾向比大多數人低。無聊感屬「情境性」或「厭倦性」的狀態，當外在環境單調乏味時，無聊感才會出現。只要及時轉變一下生活方式，無聊感就會消失。

81 分到 120 分：你的無聊傾向與大多數人一樣。無聊感屬於「創新性」的狀態，當你期望做某樣事但又未掌握到怎樣做時，無聊感便會出現；或者當你被迫做一些未做過或沒有能力做的事時，無聊感也會出現。

高於 120 分：你的無聊傾向比大多數人高。無聊感屬於「深層無聊」，或稱為「存在的無聊」狀態，你常感無聊，覺得生存沒有太多意義或理由。

這個測試由心理學家 Norman D. Sundberg 與他的學生 Richard F. Farmer 在 1986 年設計，是公認的「無聊」研究量表。請注意：以上量表只作參考之用，並未在香港作公認的測試。

閒來無聊

第 2 章提及的深層無聊，亦即杜勒曼指的「存在性」無聊，源於人類有尋找意義的傾向，人們認為生活必須是實在的，無法忍受空洞，對毫無意義的生活感到無聊，必須找到某種可以成為意義的東西。換個角度說，這種深層無聊是指失去了意義的狀態，使人感到不安及迷惘。

我們活在數碼化的年代，生活舒適度大大提高，但同時無聊感也與日俱增。可能因為我們不是生活在農業社會，再不用體力勞動去種植什麼，只要以貿易方式就可以得到生活所需，資源彷彿唾手可得。人與社羣或環境的關係愈來愈疏離，與羣體和人際的連繫愈來愈微弱，只看重個人的喜好及意義。在這種情況下，大多數人都會找方法實現自我，但無奈在過程中並不清楚自己要實現什麼，或想自己達到什麼地步。結果當然出現存在的無聊。

抑鬱過後

常有人問我深層無聊狀態與抑鬱有何分別。其實深層無聊與抑鬱的表現很相似，都是欠缺生活動力，覺得漫無目的，什麼也沒所謂，但又不感到開心，生活像行屍走肉一般。由於兩者的表現很相似，因此常使人混淆。如果我們錯誤判斷及處理，不但沒法解決問題，反而使當事人更混亂。

從定義上來看，人進入抑鬱狀態，是因失去一些重要的人或事而產生的失落或哀傷情緒。但進入深層無聊狀態的人，卻是因對生活失去興趣，感到迷失，不知生活的意義及目標為何。另外，抑鬱會使人產生較強的自殺念頭。但深層無聊感，不會使人出現自殺念頭，就算有人因此而尋死或傷害自己，也只為追求刺激的感覺而衝動行事而已。有些人因感到深層無聊，會想方法去尋找人生意義，自然會藉不同的事物，如金錢或愛情來填補心中的空虛。

心理學家 Farmer 及 Sundberg（1986）認為，無聊與抑鬱的分別在於各自流露不同的心情，及不同程度的情感。我們一般會較易感到抑鬱，較難感受到無聊的情緒。而且無聊感一般都會被認為與外在因素有關，但抑鬱則多視為個人內心的體會。所以，如果我們想知道自己是無聊抑或抑鬱，就要先問問自己的失落感是來自沉悶的環境，抑或是失去了一些重要的人或事。

進入深層無聊的人，多是身處人生的轉捩點：對所做的感到虛空厭煩，想改變又不知從何做起。

4 打開你的盒子

Loey 完成了無聊傾向測試，發現自己的分數超過 120 分，即屬於「深層無聊」狀態。在第二節輔導，她懷着焦躁的心情來見輔導員，希望清楚自己的情況。讓我們來了解一下 Loey 的掙扎，看看輔導員怎樣引導她明白「深層無聊」的狀態。

輔導員：你這星期怎樣？

Loey：今星期平平淡淡地過去，填完問卷後我才發現原來自己有強烈的無聊傾向。我可以怎辦？

輔導員：你從評估中發現自己有較強的無聊傾向，你覺得怎樣？

Loey：我覺得有點奇怪，為何會如此高分？我似乎今年才出現這種狀況。

輔導員：當然在不同時侯評估，或會得出不同的分數。這次得分只反映你這段時間常停留在深層的無聊狀態。你試問問自己，有什麼掙扎或想法使你這樣？

Loey：我有點不明白！你的意思是我有深層的無聊感，是因我的想法出了問題？

輔導員：不是說你想法有問題。有深層無聊傾向的人，一般都比較愛反省生存的意義。若你常有這些想法，但又在不知不覺下抑制這些意念，過一段時間，你會感到不知自己為何要為生存而努力？又不知做人究竟是為了什麼？

Loey：是呀是呀！我愈成長愈不知自己想怎樣？還愈來愈覺得做什麼也是無聊和無意義的。

Loey呆呆地看着地面，在想什麼似的。輔導員感覺到她的迷惘及無奈，推想她沒法再運用頭腦思想問題，於是便以一個故事使Loey放鬆及再思她的狀態。

輔導員：我給你説一個故事。

Loey：（睜大雙眼）好呀。

輔導員：這個故事來自聖埃克蘇佩里的《小王子》，小王子居住在一個星球上，這個星球就像其他星球一樣，有益草和毒草，也即是有益草的種子和毒草的種子，可是種子是看不見的，它們沉睡在泥土裏……直到其中一粒忽然想要蘇醒過來，就伸展身子，開始靦腆地朝向太陽，長出一棵秀麗可愛的小嫩苗。如果是小蘿蔔或是玫瑰的嫩苗，小王子就任它自由生長；如果是一棵壞苗，一旦辨認出來，就應該馬上拔掉。

在小王子的星球上，有些非常可怕的種子……就是猴麪包樹的種子。這些種子多得成災，當一棵猴麪包樹苗生長，你拔得太遲，就再無法把它清除掉。它會盤踞整個星球，它的樹根會把星球佔據，如果星球很小，但猴麪包樹太多，就會把整個星球搞得支離破碎。

Loey：（聽後，平靜地回應）我之前聽過這個故事，但沒有聯想到與我現在的情況有關。

輔導員：你認為這故事表達了什麼？

Loey：（若有所思）我想每個人也如一個「星球」，意念和思想就是「種子」。我們不同的情緒或行為表現，就如種子發芽成長。星球主人的任務就是分辨哪些樹苗可以成長，哪些要拔除；亦即是分辨哪些想法或行為可以保留，哪些要及早更改。

輔導員：無錯！那你心裏有什麼思想正在發芽？

Loey：唔……我估計心中初發芽的幼苗是讀書成績好又如何？我可以做什麼？我之前只顧溫書考試，根本沒有細心想過。

輔導員：對，今年你有空間可以整理一下自己這些想法，你做了什麼？

Loey：我……我一直都不予理會，今年我則任由這些想法或掙扎隨意成長。

輔導員：如果你是「星球主人」，你認為要做什麼才好呢？

Loey：我想我的首要任務是分辨這些思想是什麼，是好抑或是壞？其次才看怎樣處理。

輔導員：沒錯。故事中的小王子後來解釋道：「這是自律的問題。當你早上梳洗之後，必須仔細地給星球梳洗，還必須規定自己按時拔掉猴麪包樹苗。這種樹苗初長的時候與玫瑰苗差不多，到了時候，一旦可以把它們區別出來，就要拔掉。這是一件非常乏味的工作，但很容易做。」

輔導員：你回去做以下練習，學習安靜及細心認清你的「星球」上有什麼東西。這練習最需要的是安靜心靈，你回去試試吧。

Loey：明白。

自我認識練習

生命盒子

準備：1. 放鬆、吸氣。（留意自己吸氣過程）
2. 呼氣。（留意自己呼氣過程）
3. 重複上述過程，直至你安靜下來。（如果你是基督徒，可以先讀經文：《聖經·詩篇》139：1-6 及禱告求上帝祝福、引導）

繪畫：

1. 請你畫一個盒子，隨你喜歡的形狀，這個盒子代表你的生命。

2. 想一想你的生命盒子充滿着什麼？

3. 請回答以下問題：
   - 你現在的內在生命狀況如何？
   - 你的內心充滿了什麼？

4. 請清理你的生命盒子：
   - 丟掉一些你不想要和不需要的東西；

- 保留你想要的；
- 加添你需要的東西；
- 請將這些東西定位、歸納與分類。

5. 請回答以下問題：
   - 哪些是你生命中的心靈垃圾？
   - 在你心裏有什麼是值得保留的？什麼是你想加添的？
   - 當你將生命各種東西重新定位後，你的生命看來會怎樣？你滿意嗎？
   - 你的「生命盒子」可以怎樣祝福別人呢？

深層無聊的迷惘

深層無聊感（或稱存在的無聊感）出現，多數源於我們對生活狀態感不滿。

現今都市人的生活，多是早上起牀，拖着疲倦急忙的步伐趕上班。在巴士或地鐵，大多數人也沒精打采。回到公司，急急忙忙完成上司或客人的要求，天天忙於應付客人、上司、同事、會議及文件，不知不覺就過了一整天。試想想我們每天將八小時，甚至更多的時間，賣給公司的「貿易生活」是何等乏味？有人說每月的工資，包括了受上司或客人的氣，這種說法令人無奈又辛苦。不難想像，當我們下班了，可以做自己想做的事時，會傾向做一些不需動腦筋，又可以放鬆的活動，如看電視、打機等。

除了工作及娛樂，上一章曾提及，現今人與人愈來愈不懂分享內心的感受及想法，愈來愈看重個人的喜好，以往「犧牲小我，完成大我」的精神今日愈來愈薄弱，我們單單顧念自己的「小我」，例如工作回報及娛樂享受，忽略關心「大我」，諸如社區的窮困人或周圍環境的狀況，久而久之我們與社會及環境脫節，只為當下生活而掙扎，沒有空間去思考人生的深層意義。當再思生活為了什麼時，心中或會浮起種種對人生的疑問，例如生活營營役役為了什麼？不想如此工作，但又可以怎樣呢？因思想空間太少，掉入深層無聊感的狀態就變得無可避免了。

為消除存在的無聊感，有人會找不同方法去發揮自己的專長，如不斷工作使自己感到有目標，或不斷娛樂去尋求更多刺激等。但可悲的是這些方法發揮的作用只是一時，消除一刻的無聊感，未能徹底處理存在的無聊。結果我們的生活只有不停打轉，忙碌多年，卻不知道有什麼意義。那份無奈及空虛感覺，實在很難忍受。這是因我們還沒有看清楚「深層無聊」這個對手。

如感受到深層無聊，卻不肯正視問題，可能會釀成悲劇。2010 年初一則報道就反映了人因不斷尋求刺激去對抗深層無聊，忽略照顧身邊人的悲劇。

韓國一對夫婦長期沉迷網絡遊戲，只顧養育網絡遊戲裏的虛擬女兒，卻忽略了家裏三個月大的親生女兒，他們把親女兒獨留在家，每天只給她餵一瓶奶，把她活活餓死。原來該對夫婦透過網絡認識，愛日夜流連網吧。因他們齊齊失業，失去了「正常生活的願望」。於是兩人在網吧流連十二小時，回家後發覺女嬰昏迷，報警後隨即潛逃幾個月。另外，較早前亦有一個二十八歲的韓國男子，因不吃不喝連續玩了五十小時的網絡遊戲，最終暴斃身亡。

讀畢以上報道，實在又悲哀又驚訝。他們的情況就如輔導員引述的小王子故事所言：星球上非常可怕的猴麪包樹的種子，當這些種子多得成災，幼苗拔得太遲，再也無法清除掉，它便漸漸盤踞整個星球，樹根把星球都佔據了。其實我們的星球很小，如果猴麪包樹很多，它有一天會把整個星球搞得支離破碎。

有深層無聊傾向的人，都比較愛尋求刺激去逃避思想心中的煩惱，甚至為逃避現實而沉迷一些刺激的活動，最終與家人、朋友的關係日漸疏離。為了逃避旁人的責難，他們會變得獨來獨往，沉迷娛樂，終日對世事不聞不問，一天悲劇出現，他們或身邊人才醒覺，實在可悲。

「種下思想，收成行為；種下行為，收成習慣；
種下習慣，收成個性；種下個性，收成結局。」

節錄自 Stott, John R.W., *Baptism & Fullness*.（Downers Grove: IVP, 1975）p.81.

5 滿溢的杯

一般人都認為無聊的感覺很普遍，不會太關心或留意，不妨用一些玩意驅趕無聊感已可。但德國哲學家馬丁．海德格爾（Martin Heidegger, 1889-1976）認為，若習慣以娛樂或忙碌驅趕無聊，久而久之我們內心的無聊會演變成深層無聊。他提醒我們不要以娛樂或消遣消滅無聊；反而要透過自覺自省，探索無聊狀態，才能幫助我們離開深層無聊。

外國有研究發現，如果人能花時間訓練靜修及內省，將有助減低內心的無聊感，提高滿足程度，這樣就不須經常依賴外界刺激來化解生活中的無聊或空虛感。若是信徒，每天可以安靜在上帝面前退修，學習聆聽內心的聲音，靜候聖靈的引導，這會對我們身心靈的健康有極大幫助；切勿不斷向外尋求滿足，正如《聖經．以賽亞書》提到：「你們得救在乎歸回安息；你們得力在乎平靜安穩。」（30：15）

由冷感到無聊

我們每天的生活都千篇一律，漸漸會變得對工作漠不關心、也不太留心身邊人，這種冷漠抽離的生活模式，會使我們更易走向深層無聊。若我們愈多問生活為了什麼，表示我們心底裏對現在的生活愈感到不滿足；如果這些問題愈頻密浮現，我們便需要細心思考，嘗試尋找出路及答案。若一直忽視這些問題，無聊感會加強，促使我們做一些刺激的事來紓緩這種感覺，容易導致如喝酒、吸煙、賭錢、沉迷上網或性生活，嚴重的可能會傷害健康或人際關係。若繼續逃避正視問題，則身體無可避免會出現各種毛病，嚴重的甚至會有病痛或傷亡。

Loey 因忽略內心無聊發出的呼聲，情緒及身體飽受痛苦。接着我們會看看 Loey 怎樣探索內心的深層無聊。

Loey 嘗試在家安靜，做「生命盒子」練習，但她覺得很難安靜下來。每次安靜不足五分鐘，就心不在焉，想起來走走或做其他事。三、四天後，她終於能閉上眼，安靜十分鐘，讓滿腦子的人或事都散去，才能定下心神，專心完成「生命盒子」的練習。

Loey 帶着她的畫來見輔導員，她形容自己的「生命盒子」是七彩繽紛的，很有活力；盒內充滿各式各樣東西，如她喜歡的飾物、學業方面的證書文憑，還有記錄她成長片段的相片。當然也有一部分是黑黑的，她形容這是她不知亦不想理會的東西，不知是什麼，只知它存在。

輔導員看過她的「生命盒子」，有感她的生命很豐富，不過卻有一團「黑漆漆的東西」在影響她的生活。於是輔導員在這節面談集中與她傾談這團「黑漆漆的東西」。

輔導員：你認為生命裏那「黑漆漆的東西」是什麼呢？

Loey：我想是那些「對生命感到無奈」的心態。我有時會想：人生得到了很多又如何，最終不過是死亡，什麼也帶不走。我最喜歡《聖經》其中一句：「我赤身出於母胎，也必赤身歸回；賞賜的是耶和華，收取的也是耶和華；耶和華的名是應當稱頌的。」是否很悲觀？

輔導員：你覺得這是悲觀嗎？

Loey：我是這樣想，但每每與朋友提及這種感受，他們總是鼓勵我往好的方向想，又或者轉到其他話題，彷彿這是個奇怪而不可探討的話題。

輔導員：所以你就將這團「黑漆漆的東西」放

在盒子一角，不知怎樣處理。

Loey：是呀！記得在中二三那兩年，我曾經認真思想，努力讀書為的是什麼？那時父母常因我的學業而吵架，所以我決定為他們而讀書，但心中知道仍未找到答案。記得中三那年，我問身邊同學為何要努力讀書，他們大多說為了將來覓得一份好工作，或不想令父母失望。後來，我見一位師兄考試成績很好，進了大學醫學系，他告訴我，讀書是為了成為醫生，貢獻社會。我覺得他很厲害，十分羨慕，於是下定決心努力讀書，希望成為一個好醫生，可以貢獻社會。但事與願違，之後我心中「黑漆漆的東西」又再次活躍過來，這次比之前更強烈……

輔導員：你覺得為何這些「黑漆漆的東西」又在你心中出現呢？

Loey：我想是因為我仍未解決它吧！它再出現可能是要催促我去尋找答案……

輔導員：那你有尋問過嗎？

Loey：我有尋問過……得到學位，找到一份工作又如何？人生存是為了什麼呢？為家人？為有需要的人做一些事？這些就是我的生存意義嗎？這些問題，真的沒完沒了。可是我身邊的人又不會去想，我也不想再問。

輔導員：了解你心中「黑漆漆的東西」，真不容易吧。這裏有一篇關於「自我認識」的文章，你看看能否幫助你反思這些問題。

Loey：為何我要反思呢？反思過了，難道就會弄清楚心中「黑漆漆的東西」是什麼嗎？就會重新再有心機讀書嗎？

輔導員：（看到 Loey 有點疑惑）當然有幫助！讓我告訴你一個故事，使你明白當中的道理。

Loey：好呀！

輔導員：有一日，大學教授去拜訪隱居修士，向他請教修心養性之道。他一見修士即滔滔不絕，説個不停，修士沒法插進半句話。於是修士給他倒茶，直至茶杯滿溢，仍繼續倒。看着修士倒茶，教授起初好生奇怪，不過仍不斷説東説西。修士繼續倒茶，教授終於忍不住停下來問修士：「都滿瀉啦！你還繼續倒？」

(Loey 略有所悟點頭)

(輔導員看着 Loey，繼續慢慢說)

修士看着他，安然地說：「你就是這樣，被各種事務充滿心房！若不先倒空，怎能求道，修心養性，體會人生？」

Loey：(深深吸了一口氣) 你着我反思，就是要我倒空自己？

輔導員：不錯，如果你沒法倒空自己，怎能承載生命中眾多東西？誠實面對自己是第一步，然後你才能看到自己內心的地土栽種了什麼種子。

Loey：(平靜地說) 你說的是。

輔導員：在反思過程中，你不能自欺欺人，或自圓其說；可以邀請你身邊的人參與及提醒，這樣可以減少自欺欺人的情況。回去問問身邊的人然後才完成練習吧。

揭出你的隱密

德國神學家厄克（Johannes Eckhart, 1260-1327）曾說：「人內心有很多層，遮蓋人心最深處。人認識很多不同的事物，惟獨不認識自己。你要進入內心的地土，在那裏才能認識自己。」

在自我認識的過程中，你可以根據 Johari Window 的「心窗」結構來檢視一下內心世界。請細心想想，試試填寫。

別人知道

自己知道

自己不知

開放部分：	盲目部分：
自己知，別人也知	**自己不知，別人知**
如：我是：	如：你認為我是：
我記得：	你覺得我的優點 / 缺點是：
我不喜歡：	你想提醒我：
我喜歡：	你認為我的強項 / 弱項是：
我想：	
我不想：	
掩飾部分：	未知部分：
自己知，別人不知	**自己不知，別人也不知**
如：我怕別人知道：	如：我想五年後，
我刻意隱藏：	我想試試：
別人不喜歡我，如果知道：	

別人不知

開放部分：你和身邊的人都知道有關你的事情，包括強項與弱項、優點與缺點。

掩飾部分：你不願意觸及的傷痕，或感到羞愧的經驗。

盲目部分：訪問你身邊好友，請他們以愛心説誠實話，發掘你不自知的部分。

未知部分：這部分在你的潛意識領域，可以請你的屬靈導師幫助，透過他們的分辨能力幫助你去認識。但你必須肯花時間安靜和等候，不要因忙碌而逃避反省。

人人都遇上無聊

無聊出現，多數與「開放」部分不足，或「未知」部分太少有關。在成長過程中，我們會不知不覺減緩或制止某些想法及行為，只多做大眾認同的事；亦因這緣故，我們沒法適切地表達自己的幽暗面。久而久之，我們的「掩飾」部分和「盲目」部分都變得愈來愈多。

看看以下四種情況，可以多了解無聊如何出現，在不同年紀怎樣遇上無聊。

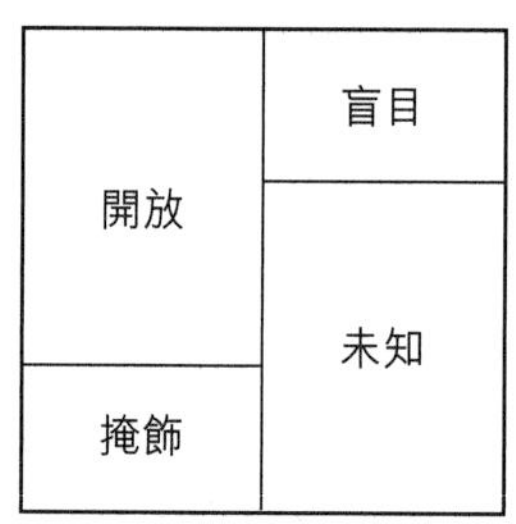

當我們還年輕，身邊家人 / 朋友 / 老師都會提醒及教導我們，故此「開放」部分發展比較快，「掩飾」部分相對較少。至於「盲目」部分會更少，「未知」部分則較大，因我們尚有很多發展空間。在這種情況下，深層無聊較少出現。

到了成年初期（二十歲左右），「開放」部分發

展減慢，「掩飾」部分會增大。身邊的人不會再事事提醒，給我們多一點空間發展及成長。「盲目」部分也會漸漸擴展，因我們開始有慣常的做事方式，在這種情況下，較易初嚐深層無聊的滋味。

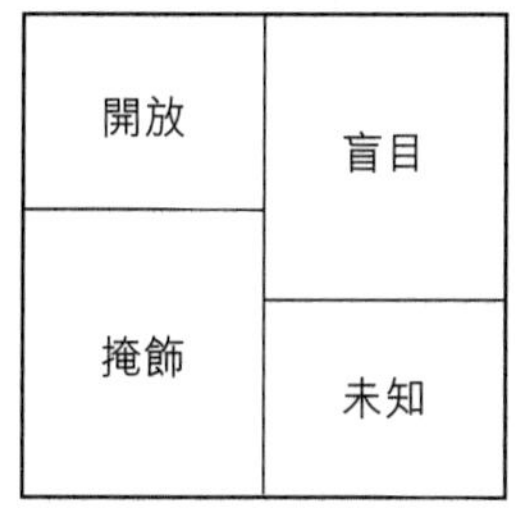

當我們到了成年中期（三十歲左右），「開放」部分與「掩飾」部分相若。我們開始以習以為常的思維去處事，自己不會多作改變，也不會再省察，旁人亦不多提醒。「盲目」部分會愈來愈大。在這種情況下，深層無聊會出現得較頻密。

當我們到了中年期（四十歲左右），為了生計，更少投放時間及個人心靈空間發揮「未知」的部分。這時「開放」部分持續減少，「掩飾」部分和「盲目」部分同樣不斷增大。在這種情況下，深層無聊最常出現。

當處於深層無聊時，表示我們已忽視內心世界好一段時間，要好好反思及清理一下，否則無聊會以投射的方式來紓緩。

上述各個成長階段，只是概述無聊出現的可能性。其實不論什麼年齡，若我們經常以慣性態度與方式去處理身邊的人和事，不接受別人或逆境的提醒，加上報喜不報憂的表達方式，喜歡將不快或不光彩的事收藏遮掩，日子久了，與身邊朋友的交流多會停留於表面，旁人不作提醒，「盲目」及「掩飾」部分會不斷擴大，而「開放」部分則不知不覺縮小。在這種情況下，深層無聊便會頻頻到訪，嘗試喚醒當事人尋回人生的方向。

當處於深層無聊時，表示我們已經忽視內心世界好一段時間，要好好反思及清理。

6 內心的導遊

Loey 回去完成 Johari Window 的練習，為更了解自己的「盲目」部分，她訪問了家人、中學同學及好友，記起及發現很多她遺忘了的東西，也是她一直不為意的。

面談當天，Loey 比預定時間早十分鐘來到，她十分期待將對自己的發現向輔導員分享。當她進入了面談室，急不及待取出工作紙，告訴輔導員不同人對她的看法。

Loey：我問媽媽年幼時我是怎樣的，她說我是個好奇心很強，十分好學的孩子。尚未入讀幼稚園，我就借了姐姐的書去讀，還問姐姐一些字詞怎樣唸、什麼意思。媽媽說我還不足一歲就懂得說話呢，又說我有點小聰明，但十分容易「心散」，較難集中精神去做一件事；常愛講話，喜歡玩、跟朋友「傾電話」。

輔導員：這是你的「開放」部分？

Loey：有些是「開放」部分，有些是我的「盲目」部分。若不是媽媽說出來，我也不知道。

輔導員：唔。

Loey：在「掩飾」部分，我發現原來媽媽或其他朋友都覺得我很樂觀，無憂無慮。但其實我多愁善感，對人生有很多不同感受。有時甚至會獨自飲泣。我沒有跟父母和朋友提起，怕他們擔心。有很多朋友不開心時都愛找我傾談，不過他們很少留意我的掙扎和煩惱。

我想「隱藏」部分就是我常常想的人生問題。我的同學朋友很少問這些，就算他們也有疑問，很快就忘記了。要是我像他們一樣，不理會這些無聊問題，繼續生活，一段時間後我會感到更空虛，更不開心。

輔導員：每人對「人生為何」這問題都有不同反應。有些人心中一旦浮現這些問題，就立即找東西填滿生活。因為他們認為之所以浮現這些問題，必定是時間太多，生活太空虛，才會忽發奇想。亦有些人覺得再想也沒法改變，只好哀歎幾聲，然後又回復原本的生活狀態。

但你心中浮現這些問題，同時感到無聊及無意義，可能是你之前只顧學業，忽略了發展自己的情感部分，於是內心會感到不滿足，就用強烈的無聊感提醒你轉變。

Loey：有時無聊感出現，我的確會想想人生，但當想到五年後我會怎樣？找到工作，拍拖了，日子會怎樣呢？是否就開心快樂呢？為何我看見一些三十多歲的前輩，大多營營役役，生活平淡，不見得他們特別開心……當我思想人生深入一些，就會覺得十分煩惱，根本找不到答案，又沒法向別人提及，內心更覺無聊，毫不滿足。

輔導員：（有感而發地說）內心出現無聊的感覺，其實是好事，它使你對人生想遠一些，想得深入一些。

Loey：是的。但想這些問題又怎樣，根本找不到出路。

輔導員：並非沒用的，可能你想一想，試一試，就找到出路。

Loey：（再想一會，然後說）舊同學、朋友和父母都覺得我善解人意，喜歡幫人。我的人緣不錯，但有時卻因忙於別人的事，沒有空處理好自己的事，不知這是優點抑或缺點。你說如果可以從事安慰人的工作，該多好。

輔導員：唔……這樣看來，你或者可以考慮當社工。

Loey：這我倒沒有想過！我只知從小到大，有很多人找我傾訴，我亦很會安慰別人。但我往往因此給父母責罵浪費時間。有時，我都覺得花太多時間理會別人的事了，沒空理會自己的事。所以現在為避免煩惱，我會故意不出席太多朋友的聚會，但又怕與他們生疏，沒有朋友會很慘很悶；抽空關心朋友，又怕沒空做好份內事……有時感到很矛盾。

輔導員：的確很矛盾。與朋友一起，你感到失去了自己的時間及空間。到你獨自一人時，卻不知所措，只好找人陪伴。結果無論是否有人陪伴，你都會感到不滿足，都覺得無聊。

Loey：是呀是呀！可能連我都不知道自己想怎樣，所以有人陪時，我又會抱怨沒有時間。但如果我獨個兒，又覺太無聊及空虛，有點不自在。

輔導員：唔……所以不是你善解人意的個性有問題，亦不是你疏遠朋友就能解決問題，問題在於你如何管理每天的時間。

Loey：我沒有認真想過怎樣運用時間，只管讀書時讀書，玩樂時玩樂。偶然不想出去，也會找藉口推搪。我可沒有想要怎樣處理空閒的時間！

輔導員：唔……以往你無聊時，喜歡做什麼？

Loey：小學時，我喜歡畫畫，無論有沒有題材，只要畫着畫着就覺心情暢快，也感到很滿足。

輔導員：那你買本畫簿，由今天起，有感而發就畫，不用理會美麗與否。如果你想與我分享，下次可以帶來給我看看。

Loey：好的。

內心的導遊

無聊出現，正能引導我們探索內心世界。我十分同意德國哲學家馬丁·海德格爾對無聊的看法，他提醒我們切勿以娛樂或消遣排解無聊，當我們埋沒在娛樂中，內心就沉睡了，沒法關注生存的意義、人生的不同層面。持續逃避面對人生意義的問題，將會使我們沒法成長，未能發現人生不同的可能性，這樣我們的「隱藏」部分也將沒法發掘出來。

由於現今的生活充滿娛樂及消遣的資訊，父母和師長都很看重我們的學業成績，甚少鼓勵我們去明白內心或情感世界。如果長期忽略照顧心靈的種種感受，久而久之會感到人生乏味，無聊由此而生，發出一道悲鳴，引起我們注意，好使我們修正生活方式，留意一些平日較少關心的角落。但要讓無聊作為內心的嚮導，引導我們去探索人生中種種情感，首要的是花時間，這卻是現今忙碌世代十分難辦到的事。

有一次筆者教導學生如何表達感受，他們大多講出事情的經過，但感受不到自己的心情；就算有感受，也找不到合適的詞語表達。經過一輪訓練，他們才明白自己太習慣用理性分析或控制情感，即使能安靜整理，也只感覺到「有情緒」；但不知是什麼情緒及如何表達。當我們分辨不到是什麼情感，就更遑論去疏導它了。

若內心已承載很多情緒，但又埋首於一天復一天的工作及生活，日子久了無聊感會日益增加，對生活的抱怨也隨之不斷增加，內心無法承載每天點點滴滴的情感。這會使人逐漸變得退縮及遠離人羣，生活更孤單乏味。

其實，我們的內心世界以情感為主，日常運用的理性邏輯並不能幫助我們明白這個世界。如輔導員教 Loey 以繪畫探入及整理這個世界，原來透過藝術的方式，如畫畫、音樂、舞蹈或手工藝，可以讓情感自然流露，我們才能慢慢明白及疏導它。

最近我讀了一本書：《幾米故事的開始》。幾米是台灣著名繪本作家。讀此書時我才驚訝地發現，他四十歲才開始創作，那時他剛受血癌的煎熬，《森林裏的祕密》是他第一本書。他形容透過繪畫，把人生無常的矛盾心思和感情，極細膩的表達出來。幾米接受電視頻道 Discovery 採訪時，曾說：「人生是沒辦法計劃的，太多意外了。」

他說當初繪畫，是因心中有不同的感受，希望隨心隨意地畫，將心之所往、做過的夢、聽過的故事、看過的書、讀的詩、想像的世界，以繪畫和文字表達出來，沒料到他的繪本如此受歡迎。他形容「從靈感漸漸誕生，到角色、主題、一個畫面的完成，都是在等待、偶然、機緣和尋覓中發生」。他在作品中不經意流露對人生深層意義的期盼及出路，正如他所言：「任何人都值得擁有一朵美麗的花」。相信幾米透過繪畫，抒發心中對人生的痛苦、沉悶、無奈，使他重新感到生活的美麗及動力，正好說明藝術可以使人釋放內心的沉重感受和化解人生問題。

無聊是內心的嚮導，
引導你去探索人生中
種種情感。

7 迷而忘返

正如世上一切美好的事物，如金錢、美食，它使我們享受生活；但亦可能成為困擾，我們不知不覺沉迷其中，成為金錢或美食的奴隸。探索無聊境界也是如此，它當然可以使我們了解自己及世界更多。但常進入或停留在深層無聊狀態，我們容易逃避面對現實生活的要求，彷彿被困在迷宮內，兜兜轉轉，無法走出無聊的境況。

筆者近年發現，不少青年及成年人，都表示讀書或工作很無聊，於是畢業或離職後，就立刻去旅行。回來後不知前路如何，結果每天找一些事做，好消磨無聊的時間。據非正式統計，男的喜歡以打機、看電影、上網瀏覽不同網址來消磨無聊，女的則喜歡追看電視劇集，睡覺或上網找不同的人聊天、看看雜誌。他們一般都會不知不覺花上數個月或數年時間在無聊的事上。有些人因外在環境失意，選擇以不同的無聊事來消磨時間。當然，他們會擔憂，但又不知要如何面對，日子愈久，要面對現實的壓力就愈大，與同輩的距離也愈來愈遠，於是他們更遠離人羣。我曾經遇上不少人，本想暫時放鬆無聊一會，後來卻沉迷無聊，遠離人羣，甚至迷失在深層無聊的狀態。

Loey 回去後，每天晚上睡覺前也畫一幅畫。她畫着畫着，發現自己內心很多古怪念頭及情緒。她愈畫愈想將心情記下，於是每晚畫畫及寫 Blog，不知不覺用上兩小時，依舊沒有足夠時間完成功課，她覺很大壓力和煩惱，特意來問輔導員該怎麼辦。看看 Loey 在探索自己深層無聊狀態時，如何被困其中。

Loey：我每天都嘗試畫畫及寫 Blog，愈畫愈寫，就愈起勁，好像停不了似的；卻不夠時間做其他事情，於是被迫停止做這些事。

輔導員：你告訴我畫畫及寫作的過程好嗎？

Loey：起初我面對畫紙二十分鐘，一筆也畫不出來，只是左思右想，之後乾脆不畫，讓自己靜下來；就這樣過了幾天，什麼也畫不出來。直至某天我看着畫紙終於畫出內容，畫着畫着，我感覺輕鬆些。於是，每天都將心中浮現的景象畫出來或寫下來。心情漸漸好了點，但卻因每天都花上二至三小時在做白日夢，最終沒有時間做功課和溫習。

輔導員：唔……畫着寫着，你有沒有發現自己在煩惱什麼？

Loey：我在煩惱是否應修讀這個科目。如果不再讀，要怎麼打算？

輔導員：你因為思想如何選擇去向，就沒有心機面對學業及功課？

Loey：是呀！我想弄清楚才讀書，於是日夜在想，也在安靜，什麼都沒有做，希望找到答案。

輔導員：唔……安靜及整理一下自己的思緒，的確有助你找到方向，但不可以每天任意去安靜，亦不可每天單單去理解自己的無聊思緒，妄顧其他生活需要。否則當你安靜及認識自己過後，就無法回到現在的崗位，到時你會感到更大壓力。

Loey：（哀哼一聲）安靜及認識自己，都會使我煩惱？那我該怎樣做才可走出現在的無聊狀態？

輔導員：那你要回想一下，你是怎樣走進這種深層無聊裏？

Loey：我怎樣來到這個地步？起初我因為入讀了自己不喜歡的科系，有點不滿。之後，就馬馬虎虎地讀書，生活漫無目的。後來，因為跟不上課程要求，就更頹廢，更不知怎打算，惟有常常蹺課，逃避面對老師和同學……

輔導員：你進入無聊空虛狀態，是因為生活欠缺一個具體目標，找不到你覺得有意義的學科來修讀。

Loey：你可以這樣說。

輔導員：你要離開無聊空虛的光景，不單要學習安靜、反思，還要保持各方面的平衡，如上課、完成功課、充足睡眠、適度運動及飲食等。否則，在你還未走出無聊空虛的狀態前，你已經被趕出校，或身體出了毛病。

Loey：（定睛看着輔導員）……這個，你說得對！

輔導員：我看你仍不知怎麼辦。我有個提議，你回去後，限定自己一星期只在某一天抽出一段時間安靜反思，如時限內未能完成，就要跟自己說，下次安靜時段再續。在時限裏安靜，整理自己的內心世界，才有助你兼顧其他範圍，逐漸走出深層無聊的狀態。

Loey：好呀，我試試看。

迷上了……

我曾遇上一個十分深刻的個案，有次接見一名青年人，二十歲左右，但說話的方式如十二三歲的少年。由十四歲起，他花了六年時間打機，不肯上學，成了隱蔽青年。父母天天囉唆他，又規勸又強迫，他也不肯見輔導，或讓社工探訪關心。後來他打機到了出神入化的境界，就試參加比賽。但在比賽當天，他感到十分恐懼，不知怎樣面對外界生活，如乘搭交通工具、與人交談等，結果他沒去比賽，之後心情更低落，發現自己除了打機，什麼都不懂。後來才聽父母勸告去見輔導，處理沉迷打機及無聊空虛的心情。輔導期間，我當然要慢慢引導他與陌生人交談，學習明白及表達自己。過程中，他遇到很多困難，如與人接觸時，對方無故不理睬他，下意識他又想抽離人羣，回到覺得最安全的無聊狀態。

結果花了一兩年時間，我只能幫助他重新為自己定位，認識自己是個怎樣的人，學習與別人溝通。但他心中有關人生的難題，如人生存有什麼好玩？有什麼意義呢？他仍找不到肯定的答案。但可以肯定的是，兩年後，他能投入現實的生活，亦可以較輕鬆地面對人生各種困難，間中亦會以不同方式無聊一下。

就這樣無聊起來

據我十年輔導的觀察，發現人在無聊狀態的活動各有不同，但心態大致相同，如：

1. 對外在生活不滿

無聊往往包含了對外界的批評或抱怨，如對父母、老師或上司不滿。當人對身處的環境或對生存感不滿，但又沒法或無力改變，他們大多會走入無聊狀態去解愁解悶。

2. 逃避面對現實生活

當他們發現以無聊方式可以紓緩外在種種壓力，既即時又有效處理問題時，他們就不期然常常探訪無聊地帶了。

3. 放棄解決外在的生活不滿

當他們常到訪無聊地帶，就更欠缺動力去改變對外在環境的不滿，更容易以消極放棄的態度面對。

4. 被外在生活追逼得更厲害

當他們愈不滿外在生活，就會花更多時間去做一些無聊的事，自然少了時間處理外在生活。結果他們會被生活中的要求和需要逼得透不過氣來，這些問題如雪球般愈滾愈大，大得他們完全不知該怎樣面對，惟有繼續逃避面對外在問題。

5. 斷絕外在關係，形成更孤立的情況

當人不知該如何面對外在的爛攤子，他們會進一步逃避外在世界，如辭職、輟學或被趕出校等。因為斷絕一些外在的關係，他們會有更多機會進入無聊狀態去打發時間，以後外在生活更一團糟。

當然每人經歷以上的情況都各有不同，有人花好幾年才走出無聊狀態；亦有人只花數天就走出來了，關鍵在於不同人對外在刺激的要求不同，面對壓力的耐力也不同。

8 尋寶歸來

幾星期後，Loey 懷着輕鬆的心情，帶畫簿來見輔導員。她高興地展示她的畫，並將當中的心情告訴輔導員。她發現近日心情好轉，可以專心溫習，又可在限定時間裏感覺一下無聊思緒，讓自己安靜一會。無聊過後，她回復心神繼續工作，就更有效率。但由於不知何解會好轉，於是她問輔導員，希望知道原因，並讓她日後懂得處理自己的無聊情緒。

Loey：我終於能夠享受無聊了！這幾星期，我恢復活力，又再有心機去溫習，雖然功課上仍有很多東西不明白，但我可以問同學，追回進度。

輔導員：似乎你的狀態不錯，可以在無聊中找到樂趣，同時能兼顧生活其他方面。

Loey：我覺得自己好了點，但又不知何解會好轉？我擔心下次會否又墮入了深層無聊狀態，走不出來？

輔導員：（一笑）不用太擔心，你回想一下，是什麼使你走出來的？

Loey：（安靜片刻）我不過是在限定時間內安靜默想、畫畫、寫 Blog，最近反而少了找人陪我逛街或講電話。起初太沉迷做這些練習，導致沒時間兼顧學業和朋友。上次你提醒我定下時限反思，其他時間做其他事，我果然能既認識內心的無聊思緒，又不會遠離外在世界。

輔導員：你認為是什麼幫助了你呢？

Loey：最大的幫忙，就是你教我如何獨自面對自己，用繪畫、文字整理思緒及心情。另外，上次你提醒我定下時限，也很重要。真的，無聊有時，正經有時，不能只照顧其中一面。

另外，我將心中腦中的無聊思緒表達出來，對我幫助很大。我發現朋友很喜歡讀我的 Blog，他們會跟我分享無聊時做什麼，我們又會討論如何使無聊變成有益。有時他們以文字回應我一些深層感覺，使我更了解自己及他們，這真是額外收穫。

輔導員：真好！你可以將心中的情感思緒，畫出來讓自己看到，或寫出來，讓自己與別人更多機會去認識自己，已經很了不起。你還可以將你的體會與人分享，使自己及別人也得益，這正是無聊送給你的禮物。

Loey：（有點不好意思地問）那我之後該怎辦？是否要不斷繪畫及寫作呢？如果是，我怕又會懶散下來……

輔導員：（笑一笑）不用太勤力！只要你感到無聊或苦悶時，運用這些方法整理內心世界，為自己重新定位，就可以了。

Loey：（如釋重負地笑一笑）我這幾星期在想，

無論喜歡這科與否，我也決定要完成課程。或許畢業後再報讀一些我喜歡的科系吧。

輔導員：果然是放開心懷了。

Loey：（笑着說）多謝你……

輔導員：哈哈，還要你肯嘗試。

轉化深層無聊為動力

當我們察看人生在世的種種行為，不難體會當中有不少無聊感。在平常生活中，我們可以轉化無聊為一些有趣的事：例如將無聊思緒或生活片段轉載上 youtube，或透過文字與別人分享；亦可將生活的所聽所聞，化為無聊笑話，上載到網站與人「共享」，讓其他人大笑一番，相信這種疏解無聊的方法大多數人都喜歡。近年的「棟篤笑」（stand-up comedy）表演受歡迎，其實就是將大眾感荒謬的人與事，以有趣的詞彙和無聊的意念表達，化成幽默笑話，這樣能釋放各人心中悶氣，開懷大笑一番，實在是一件美事。

雖然無聊會使人感受到一點點沉悶及不滿足，但也會使人看到很多微細的，平日很少留意的事物。當我們感到無聊，可以將它轉化成文字、繪畫、舞蹈、手工藝等，甚至其他具體方式。

我的旅程

筆者曾經花上三幾年時間沉浸在深層的無聊狀態。當然過程中有很多辛酸，很多迷惘，感到強烈的孤單。或許無聊狀態不是什麼特別的情感，無法向別人傾訴。愈是無法表達的內心情感，我就愈想遠離別人。當然在無聊狀態並不表示沒有思想，相反思想更多、感受更多。情形就像從結蛹蛻變成蝴蝶的過程，外在似乎沒有活動及變化，但內裏卻是急劇蛻變。

那段日子我花最多時間在整理內心的思緒、不滿及種種情感。每天也會隨心寫下自己的思緒、感受，晚上失眠的時候，也會聽聽音樂，細味內心的矛盾。過程中，難免有時會失平衡，沒法完成功課，經常萎靡不振。幸好身邊好友提醒及幫助，在我「自閉」時，他們會不問因由地陪伴我或逗我開心。現在回想，實在多謝他們當時默默地陪伴，等待我走出無聊深谷·

這三年多，我就以文字整理思緒，有限度地面對讀書的要求及朋友的關心。記得當時我最大的發現是人生存實在沒法避免痛苦及孤單，沒有人能令別人常常開心而遠離痛苦，亦沒有人能常伴左右令自己不覺孤單。當我從心裏接受痛苦及孤單是人生的一部分，學習獨自面對生活，獨自吃飯逛街，也學會珍惜與朋友相聚。

就這樣，我漸漸可以自在地安排自己的生活，亦開始計劃及實行我想做的事，如儲錢往外國旅遊四十天。身邊的朋友及家人有不同意見，我當然要稍作解釋，不過最終也能達成願望。回想那段日子，我發現無聊使我明白自己想要什麼，亦明白可以怎樣去處理別人的好意忠告。現在的我，也不時會走進無聊狀態，但已經不像以往，長期迷失其中。現在探訪無聊，有時是去執整思緒，問問自己想怎樣生活；有時是純粹休息及默想上帝的說話。總之，間中探望無聊這位老朋友，實在不錯。

當我們有幸進入深層的無聊狀態，實在值得高興。

- 這意味着我們變得成熟，能體會人生的荒謬，也接受生活不可能停留在童年的迷人時光中。

- 學會接受生活在一定程度上是重複乏味的，但同時也明白生活並不因此而令人難以忍受。

- 透過適當的反思，我們可以隨遇而安，接受現實生活的重複乏味，嘗試以自己的方式去面對，這就是無聊的好處：引發我們發掘生活樂趣。

深入無聊森林

最後，我想以一則德國格林兄弟的童話〈糖果屋〉作結。

漢賽與葛麗特是一個貧窮伐木工人的孩子。由於木工的妻子（小孩們的繼母）害怕食物不足，説服丈夫將小孩帶到森林，遺棄他們。漢賽與葛麗特聽到父母的計劃，於是收集了一些小石頭，打算沿着去森林的路放小石頭為記，可以找到回家的路。

當他們由森林回來後，繼母再度説服丈夫將他們丟棄在森林；不過這次，他們沒法收集石頭，只好沿路放置麵包屑，以為今次可以像之前一般找到回家的路。不幸地，麵包屑被森林中的動物吃掉，於是漢賽與葛麗特迷路了。

後來他們發現了一間用麵包造成的房屋，窗戶是糖果造的。他們飢寒交迫，走去找房子的主人。主人是個老婦人，她邀請他們進屋設盛宴款待，讓孩子吃掉房子的糖果，並請他們住下來。但翌日，老婦人露出本來的面目。原來她是個巫婆，建造這個糖果屋就是要引誘小孩子進來，把他們養得胖胖，然後宰殺吃掉。女巫把漢賽關在馬廐裏，強迫葛麗特做苦工。幾經凶險，兩兄妹才逃出魔掌，更帶走了巫婆屋的寶物，找到回家的路，與父親重聚，這時他們的繼母已經死了。

如故事的主角漢賽和葛麗特，我們會因環境困乏及外在壓力而走進「無聊」森林。進入初期，也許刻意留下記號預備逃出來。但當再次進森林，以為用較輕鬆的方法來記路，想不到不知不覺迷失其中，沒法離開。如果一直發現不到「糖果屋」的危險，日子久了，只會深陷其中，失去與外界的聯絡。當然如果我們像主角一樣，洞悉女巫的計謀，識破「無聊」的危險，不單能救自己，更能拿到寶物回家幫助其他人。

當進入了無聊森林，記緊要走出來，還要取得寶物回家。

參考書目

Brittonl, A., & Shipley, M. J.（2010）. Bored to death? *International Journal of Epidemiology, 39*（2）, 370-371.

Svendsen, Lars Fr. H.（1999）. *A Philosophy of Boredom.* Peking: Peking University Press（simplifed）.

Mikulas, W. L., & Vodanovich, S. J.（1993）. The essence of boredom. *The Psychological Record, 43*, 3-12.

Sundberg, N. D., Latkin, C., Farmer, R. F., & Saoud, J.（1991）. Boredom in young adults: Gender and cultural comparisons. *Journal of Cross-cultural Psychology*（Western Washington University）, *22*（2）, 209-223.

Johnston, W.（1981）. *The Mirror Mind*（Ch2）. New York: Harper & Row.

Yarcheski, A., Mahon, N. E., & Yarcheski, T. J.（1998）. A study of introspectiveness in adolescents and young adults. *Western Journal of Nursing Research, 20*（3）, 312-324.

Antoine de Saint-Exupery（2003）著：《小王子》。台北：語言工場出版。

幾米（2008）著：《幾米故事的開始》。台北：大塊文化。

感覺•我

在情緒的錯覺中　走下陰沉的梯角
才得見那片寬闊之地　而成長就在那裏開始

無嫉而愛　作者：沈淑文

失戀好痛　作者：馬妙如

完美有病　作者：沈淑文

擺脫憂癮　作者：林建榮

品味寂寞　作者：區祥江

卑情夠了　作者：伍詠光

喜有恥理　作者：黃麗彰

反恐無懼　作者：歐景光

怒出真相　作者：黃玉薇

無聊到底　作者：周淑儀

感謝您選了這本書，閱讀以後，
您有沒有一些啟發，一些感想？我們期望您的聲音。
請登上 **www.btproduct.com/book**，
在「讀者回應卡」頁面內填寫。謝謝。